LA TRAHISON
D'ÉMILE OLLIVIER

UNE PAGE D'HISTOIRE CONTEMPORAINE

LA TRAHISON D'ÉMILE OLLIVIER

> Les arrière-pensées affaiblissent toujours le parti qui les nourrit, en les désavouant.
>
> BENJAMIN CONSTANT.

PARIS

A LA LIBRAIRIE DE E. DENTU

PALAIS-ROYAL, GALERIE D'ORLÉANS

1864

LA TRAHISON

D'ÉMILE OLLIVIER

I

En 1857, un homme que les circonstances moins encore que son mérite personnel avaient porté à une grande situation, à l'âge où la plupart d'entre nous commencent à peine la vie, prenait place sur les bancs du Corps législatif. Le langage qui avait séduit ses électeurs peut se résumer en deux lignes : « On grandit par l'assimilation et non par l'exclusion. « Ni approbation systématique, ni opposition systématique. » Ces paroles, il les confirmait un peu plus tard, lorsqu'il s'écriait devant la Chambre : « Je suis venu ici pour défendre « la liberté, dans les limites qu'a tracées la Constitution. « Aucune provocation ne me fera écarter de cette règle de « conduite. » Pendant six ans, il ne cessa pas d'avoir ce programme devant les yeux. Placé au sein d'un petit groupe de députés qui représentaient dans la Chambre l'opposition, ce fut lui qui maintint constamment l'équilibre des situations, sinon celui des influences, entre une majorité compacte et l'infime minorité à laquelle il appartenait. Vingt fois il prouva que s'il défendait la liberté, avant tout il respectait la loi, et que si les amis politiques à côté desquels il s'était assis regrettaient encore un gouvernement tombé, lui, libre de toute attache, se rallierait à celui qui fonderait en France la liberté.

Le point par lequel M. Emile Ollivier se sépara de ses quatre collègues, c'est que jamais son opposition ne fut ni violente, ni maladroite, ni relâchée. Elle fut modérée. Toujours sur la brèche, il défendit tout ce qu'il avait promis à ses électeurs de défendre; mais il n'attaqua rien de ce qu'il n'avait pas promis d'attaquer. Sa modération d'une part, son ardeur de l'autre, furent telles qu'on peut dire que nul ne rendit à son parti d'aussi grands services. La séduction qu'il exerçait, sa jeune expérience, le charme de sa parole, son talent d'orateur, il mit tout cela à la disposition de ceux avec lesquels il avait formé alliance. Souvent il vint à leur aide et répara leurs fautes. Quand la violence de leur langage avait compromis une situation, il se dévouait pour la relever ou pour en rendre la chute honorable et brillante. Il lui suffisait d'intervenir dans un débat pour obtenir le respect de la majorité envers des doctrines dont le développement n'avait réveillé chez elle que des antipathies lorsqu'il passait par la bouche d'un autre orateur. C'est que sa franchise et sa modération exerçaient sur la Chambre un véritable prestige, et que jamais il ne put être confondu dans les reproches graves que maintes fois mérita l'opposition. Jamais il n'eut à accepter aucune part de responsabilité dans les fautes énormes qu'elle commit.

M. Emile Ollivier partageait les aspirations libérales des quatre hommes que les hasards de la politique lui avaient donnés pour compagnons, mais sans montrer au Gouvernement la défiance qu'ils lui témoignaient sans cesse. Il demandait la liberté sans s'enquérir de la forme de gouvernement sous laquelle elle s'exercerait. Il la croyait possible avec l'Empire, et, le 14 mars 1861, dans un discours commençant par ces mots : « Nous voulons perfectionner, élargir, améliorer, « et non saper ni détruire », il disait encore : « Voici quel « langage nous tiendrons à l'Empereur : Sire, quand on est « acclamé, comme on vous le dit chaque jour, par trente-« cinq millions d'hommes, quand on dispose du monde, en « ce sens qu'on entraîne la fortune du côté où l'on va, quand « on a épuisé toutes ses faveurs et toutes ses leçons, quand « on a une existence légendaire, quand on a eu cette chance « unique dans l'histoire, de sortir d'une prison pour monter « sur le premier trône du monde, après avoir passé par « l'exil, il reste encore une joie ineffable à connaître et qui « dépassera toutes les autres : c'est d'être l'initiateur coura-« geux d'un grand peuple à la liberté, de repousser les con-« seils pusillanimes et de se placer en face de la nation elle-« même. Le jour où cet appel lui serait adressé, il pourrait y « avoir encore en France des hommes fidèles aux souvenirs « du passé ou aux espérances de l'avenir, mais l'immense « majorité admirerait et aiderait, et l'appui qu'elle vous prê-« terait, Sire, serait d'autant plus efficace qu'il serait plus « désintéressé. »

De ces déclarations que résulte-t-il? C'est que dès son entrée à la chambre M. Émile Ollivier avait pris une attitude sans équivoque : « Je suis prêt, semblait-il dire, à me rallier à l'Empire le jour où il me sera démontré que l'Empire existe pour le bien de mon pays et qu'il veut fonder la liberté. » Qu'y a-t-il dans ces paroles qui ne soit empreint de la plus entière honnêteté? Jamais les autres membres de l'opposition n'en prononcèrent de semblables.

Est-ce qu'ils souhaitaient, sans l'avouer, le rétablissement de la République, tout autant sinon plus que celui de la liberté? Qui le sait? Ce qui est vrai, c'est qu'on pouvait dire d'eux, sans qu'ils pussent les démentir, ces paroles qui sont une accusation : « Ce qu'ils poursuivent dans leurs critiques « contre le Gouvernement impérial, c'est moins l'amélioration « de ce qui existe que son renversement (1). » La différence entre eux et M. Émile Ollivier est donc bien marquée. Elle le fut toujours autant, malgré l'intégrité apparente de leur union.

C'est à dessein que nous écrivons ces mots : *l'intégrité apparente*, car souvent dans leurs réunions particulières elle cessa d'exister. Ils traversèrent de fréquents orages. Souvent M. Émile Ollivier dut mettre ses amis en garde contre les mécomptes et les désastres qu'ils ne manqueraient pas de trouver au bout de la voie dans laquelle ils s'engageaient. Sans doute, il leur posa cette question : « Pourquoi n'accep-

(1) Cette citation, dont nous garantissons l'esprit, sinon le texte, a été empruntée à un journal anglais, et reproduite par le *Moniteur des Communes*.

« terions-nous pas l'Empire, s'il fonde la liberté et s'il se fonde « définitivement par elle? » Sans doute, M. Jules Favre devait répondre : « Parce que l'Empire n'est pas la République. » De même, un peu plus tard, M. Thiers aurait peut-être répondu : « Parce que l'Empire n'est pas M. le comte de Paris », et M. Berryer aurait certainement dit : « Parce que l'Empire « n'est pas M. le comte de Chambord ». Et les discussions devaient être vives de part et d'autre, M. Jules Favre s'efforçant d'entraîner M. Emile Ollivier sur le terrain de l'opposition anti-dynastique et M. Emile Ollivier s'efforçant d'attirer M. Jules Favre sur le terrain de l'opposition constitutionnelle. Ils ne réussirent ni l'un ni l'autre. M. Jules Favre ne diminua pas la violence de ses attaques. M. Emile Ollivier n'abandonna pas la modération dans les siennes. Les exaltés du parti démocratique lui en surent mauvais gré.

Tout en se servant de lui à certains jours, tout en applaudissant à l'éloquence de sa parole alors qu'il plaidait en faveur de la liberté, ils éprouvaient quelques mécomptes et quelque contrainte. M. Émile Ollivier poursuivait avec acharnement une victoire qui semblait devoir leur être chère à tous. Il la regardait comme la réalisation complète de leurs espérances et des siennes. Cette victoire remportée, il tendrait la main au pouvoir qui la lui disputait. Il le déclarait avec franchise. Mais ceux qui le soutenaient dans cette lutte, loin de se contenter que leur victoire dût être, comme on l'a dit, le couronnement de l'édifice, semblaient désirer au contraire qu'elle fût un pas décisif vers la chute du Gouvernement actuel.

C'est au milieu de ces tiraillements et de ces incertitudes que se termina, avec la session de 1863, la législature de 1857, et de toutes parts on se prépara pour les élections nouvelles. On dit qu'alors, les *purs* du parti démocratique s'efforcèrent d'écarter M. Émile Ollivier de la liste des *neuf* que patronaient divers journaux dans le département de la Seine. Ces efforts demeurèrent sans résultat. Les électeurs laissaient déjà prévoir quelle serait leur décision, et, hors de la liste comme sur la liste, M. Émile Ollivier était assuré d'un triomphe éclatant. Il revint au Corps législatif et on l'y retrouva avec joie.

En face d'une opposition numériquement plus forte que la première, mais plus faible en raison des opinions divergentes qu'elle comptait dans son sein, l'attitude de M. Émile Ollivier changea-t-elle? Non. Il resta ce qu'il avait été dans la précédente législature, indépendant, ou plutôt son indépendance s'accentua, en ce sens que, si, de 1857 à 1863, il s'était cru obligé, pour les nécessités de la discipline, de paraître toujours et en tout uni à ses quatre amis, il ne pensa pas que ces nécessités fussent les mêmes le jour où l'opposition avait vu grossir ses rangs de MM. Berryer, Thiers, Garnier-Pagès, Jules Simon, et de tant d'autres qui arrivaient tous ou presque tous pour faire de l'opposition anti-dynastique au nom de souvenirs qui leur étaient chers. Au nom de quel souvenir M. Émile Ollivier les aurait-il suivis sur ce terrain? Était-ce avec M. Thiers qu'il devait faire de l'opposition? Était-ce avec M. Berryer? C'est, nous dira-t-on, avec

MM. Jules Favre, Ernest Picard, Hénon et Darimon qu'il devait continuer à marcher. C'est ce qu'il fit. Il marcha avec eux toutes les fois que leur opposition se maintint dans les limites constitutionnelles. Le jour où il lui parut qu'ils dépassaient ces limites que durant six ans il avait déclaré ne vouloir jamais franchir, il proclama son droit de se séparer d'eux et de défendre la liberté par des procédés plus conformes à ses déclarations passées.

On commença, dès ce moment, à dire que M. Émile Ollivier se jetait dans les bras de la majorité. Le mot de *désertion* fut prononcé en sourdine. Les *purs*, ces fameux *purs*, qui dans les jours de révolution dressent les échafauds et les barricades, commencèrent à se voiler la face. Que se passait-il donc? Pendant la législature précédente, les *cinq* avaient à diverses reprises demandé au Gouvernement de proclamer la liberté des coalitions d'ouvriers. Or, au commencement de l'année, le Gouvernement envoyait au Corps législatif un projet de loi conforme à leurs désirs. M. Émile Ollivier était désigné par son bureau pour faire partie de la commission chargée de l'examen de ce projet. Il prenait une part importante aux travaux nécessités par cet examen, et ses collègues l'en nommaient rapporteur. Fait remarquable, cette preuve d'estime et de confiance n'avait pas été, en six ans, accordée une seule fois à un membre de l'opposition, et c'est M. Émile Ollivier qui le premier l'obtenait. Son nom attaché ainsi à une loi libérale, il semble que ce devait être un triomphe pour l'opposition. Elle n'en jugea pas ainsi, et dès ce moment, M. Émile Ollivier fut tenu en défiance par ses amis politiques. Seul, M. Alfred Darimon ne se sépara pas de lui.

Les autres députés de l'opposition déposèrent divers amendements. Ce n'était pas assez, pensaient-ils, d'avoir accordé aux ouvriers le droit de se coaliser; il fallait, comme conséquence nécessaire, leur accorder le droit de se réunir. « Mais, disait la Commission, le droit de réunion n'existe pour personne. L'accorder aux ouvriers, ce serait constituer un privilége en leur faveur et au détriment des autres classes de citoyens. Ce n'est pas vous qui pouvez vouloir constituer un privilége. » Ces raisons étaient bonnes, mais MM. Jules Simon, Jules Favre et Garnier-Pagès persistèrent dans leurs amendements, se coalisant ainsi, sous prétexte que la loi n'était pas assez libérale, avec quelques membres de la majorité qui trouvaient qu'elle l'était trop.

M. Émile Ollivier déposa son rapport, et le 27 avril la discussion commença. Nous n'en rappellerons pas ici les incidents, encore présents à toutes les mémoires. Déjà attaqué avec violence dans divers journaux, et notamment dans ceux des libérâtres Havin et Guéroult, injurié par certaines feuilles qui s'impriment à l'étranger, calomnié pour avoir accompli un grand acte d'indépendance et de libéralisme, défendu avec ardeur par les journaux du Gouvernement et par M. Émile de Girardin, dont la logique et le talent ne s'élevèrent jamais si haut que dans cette circonstance, et qui pour cela fut immédiatement rangé parmi les suspects, M. Émile Ollivier eut à répondre, devant le Corps législatif, d'une part, à de violentes paroles prononcées par MM. Jules Favre, Jules Simon et Garnier Pagès, et d'autre part, aux observations de deux membres de la majorité, MM. Jérôme David et Seydoux. Il le fit avec un bonheur qui ne fut dépassé que par le talent merveilleux qu'il déploya dans toute cette discussion, et ce fut à la fin de son second discours, le 28 avril, qu'il prononça ces grandes paroles que l'histoire reproduira parmi les plus belles de Mirabeau et du général Foy :

« C'est une mauvaise manière d'agir que de refuser un « progrès sous prétexte qu'il est incomplet. Oh ! je connais « cette théorie et je l'ai vue décrite avec un art admirable « dans les Mémoires de Mallet-Dupan sur la première révo- « lution. C'est la théorie du pessimisme. Elle consiste, lors- « qu'un gouvernement déplaît en principe ou qu'on n'agrée « pas sa marche générale, au lieu de faire ce que doit faire, « selon moi, tout homme d'honneur et de bon sens, d'ap- « prouver ce qui est bien et de blâmer ce qui est mal, elle « consiste à tout critiquer, à tout attaquer, surtout le bien, « parce que le bien pourrait profiter à ceux qui l'accomplis- « sent. Ainsi agissaient les émigrés lorsque, au lieu de rester « dans le pays, de se rendre aux assemblées, aux sections, « pour empêcher le triomphe des mauvais, ils allaient à « l'étranger pour le rendre plus facile, afin que leur succès « sortît de l'excès du mal.

« Ainsi ont trop souvent agi les partis qui se sont succédé. « Aussi, que reste-t-il dans notre pays après tant d'agita-

« tions ? Beaucoup de ruines, beaucoup de beaux et grands
« discours, et pas d'institutions libérales ; et tous, à quelque
« passé que nous appartenions, nous avons regretté souvent
« de n'avoir pas, au lieu de nous être laissé absorber par des
« querelles stériles, de n'avoir pas facilité, à telle ou telle
« époque, les hommes de bonne volonté qui dans un temps
« s'appelaient Rolland, Martignac dans un autre, ou plus
« tard de tout autre nom, et de n'avoir pas accepté les ré-
« formes partielles qu'ils nous offraient, et d'avoir tout sa-
« crifié à l'implacable satisfaction de nos rancunes person-
« nelles.

« Quant à moi, messieurs, je ne suis point de cette école.
« Je ne suis pas pessimiste, je prends le bien de quelque
« main qu'il me vienne. Je ne dis jamais : « Tout ou rien, »
« maxime factieuse et redoutable. Je dis : « Un peu à chaque
« jour ; » et je n'oublie jamais la grande parole : « A chaque
« jour suffit sa peine. » Aujourd'hui la loi des coalitions,
« demain celle des associations. Et, puisque l'honorable
« M. Jérôme David me demande cette déclaration, je n'hé-
« site pas à la faire : Dans l'acte du Gouvernement je ne vois
« pas seulement ce qui n'y est pas : le droit de réunion et le
« droit d'association ; je vois aussi ce qui y est : la liberté de
« coalition. Je ne me borne pas à critiquer ce qui me man-
« que ; je remercie de ce qu'on me donne. »

Ces paroles, couvertes d'applaudissements, enlevèrent le succès de la loi. La discussion continua deux jours encore et la liberté des coalitions fut proclamée.

II

Dès ce jour, les *purs* essayèrent de prouver que M. Émile Ollivier avait trahi son parti. Il fut appelé renégat, traité de vendu, et rien ne saurait mieux indiquer jusqu'où allèrent les attaques dont il devint l'objet, que quelques extraits d'un journal qui se publie à Francfort et qui s'en fit l'écho, sans en omettre une seule, même des plus venimeuses.

Le 29 avril, c'est-à-dire avant d'avoir connaissance du discours prononcé au Corps législatif le 28 avril, ce journal s'exprimait en ces termes :

« On sait déjà avec quelle *douloureuse surprise* nous avons « accueilli le projet de loi de M. Émile Ollivier sur les coali- « tions ouvrières. Mais depuis longtemps nous nous sommes « fait une loi souveraine de l'impartialité. »

. . . .

« Les critiques (quel orateur n'a les siens ?) prétendent que « cette longue pièce sent un peu trop l'érudition de fraîche « date, qu'elle est un assemblage d'arguments et de citations « où tout se rencontre, jusqu'à des chansons anglaises, ex- « cepté ce point de vue supérieur qui coordonne et éclaire. « Ce reproche est trop sévère, à nos yeux. *Il n'est pas pos- « sible qu'un député qui improvise en quelques semaines sa « science et un rapport évite cette marqueterie de lieux com-*

« *muns, à moins qu'il n'ait une véritable distinction d'intelli-*
« *gence; et il ne faut demander à un homme que ce qu'il est*
« *capable de donner.* M. Émile Ollivier aurait tort de pré-
« senter son rapport à ses amis et à ses adversaires avec
« trop d'orgueil; mais on aurait tort aussi de lui demander
« trop d'humilité. *Il a donné sa mesure exacte et en même*
« *temps il s'est révélé sous son vrai jour. C'est autant de ga-*
« *gné sur l'inconnu, et, pour notre part, nous ne saurions*
« *trop nous réjouir de ce résultat.* »

. . . .

Ces critiques se continuaient durant tout un long article. Mais ce n'était là qu'un début. Le lendemain, le beau discours du jeune maître se répandait de tous côtés. La péroraison que nous avons citée était dans toutes les bouches. Les fureurs de la feuille à laquelle nous ne nous consolons d'avoir à faire des emprunts de ce genre qu'en pensant qu'elle s'imprime à l'étranger, sous la direction d'un homme qui n'est pas Français, ces fureurs ne connurent plus de bornes. Elle cracha l'injure. Qu'on en juge :

« Les personnalités absorbent presque toujours les prin-
« cipes, c'est ce qui fait qu'en ce moment le grand intérêt
« de la loi sur les coalitions est noyé dans le petit intérêt que
« l'opposition avait ou n'avait pas de conserver M. Ollivier
« dans ses rangs. L'affaire Ollivier occupe tous les esprits,
« — on en parle dans les salons, dans les ateliers, dans les

« écoles ; — c'est un succès qui rappelle le procès Lafarge « et celui de Dumolard. *Pourtant on sait que l'accusé est cou-* « *pable, et d'avance chacun l'a condamné.*

« Il est condamné désormais même par ses plus intimes « amis, par les meilleurs élèves de l'institution Ollivier, — « répétition du collége Bonaparte. — Ils refusent d'assister « à la distribution des prix. Me Gambetta, un jeune avocat « méridional exubérant de verve, d'esprit et de talent, lui a « dit assez durement : « Je vous ai accompagné jusqu'à la « porte, mais vous ne me forcerez pas à monter avec vous. » « Un autre jeune avocat, Me Durand, autre ami et admirateur « dévoué, a répondu aux avances du maître qu'il reviendrait « le voir lorsqu'il voudrait obtenir un bureau de tabac (1). « Dans le monde, on chansonne : il y aura bientôt la com- « plainte de Me Ollivier, comme il y a la complainte du *Juif* « *errant*. En attendant, dans une petite soirée intime, « un vieil académicien que l'âge n'a pas guéri de la maladie « de l'épigramme a commis sur la conversion de M. Emile « Ollivier un quatrain dans lequel M. Emile de Girardin est « accusé d'avoir pesé sur les déterminations du jeune dé- « puté. Je ne me souviens pas de ce quatrain (2), mais en

(1) Deux histoires de pure invention.

(2) Nous nous en souvenons et nous ne voulons pas négliger cette occasion de faire mieux connaître tout l'atticisme des vengeances démocratiques. Voici ce quatrain prêté perfidement à M. Viennet, et qui ne serait pas à son honneur s'il l'avait fait :

Monsieur de Girardin, ce marchand de la veille,
Sait changer de comptoir sans changer de métier :
Il vend des terrains à Marseille,
A Compiègne, il vend Ollivier.

« voici un autre qui fut improvisé en réponse aux vers aca-
« démiques :

« D'Ollivier, Seigneur, je réponds!
« Disait le petit Darimon.
« Ollivier a sauté le pont.
« Donc.... Darimon avait raison. »

« Et la soirée s'est terminée par un chœur sur l'air de *la*
« *Bonne Aventure, ô gué :*

« Pour leur éducation,
« Ollivier et Darimon
« Ont le même père.
« Aussi maintenant, dit-on,
« Les deux font la paire,
« O gué!
« Les deux font la paire! »

« Ce sera, en effet, la punition de M. Émile Ollivier : il
« traînera son Darimon. Les gens froids ne pensent pas *que*
« *M. Émile Ollivier récolte sur-le-champ les résultats de sa*
« *livraison au parti conservateur*. Les félicitations ne lui ont
« pas manqué à l'issue de la séance de jeudi ; M. de Parrieu
« lui a presque brisé les mains en les lui serrant; un membre
« des plus ultras de la majorité, M. Granier de Cassagnac,
« je crois, a voulu l'embrasser; mais une impression plus
« tiède est restée dans les esprits désintéressés. M. Émile
« Ollivier *ne s'est pas défendu assez*, il n'a pas fait assez de
« difficultés, il s'est donné trop tout d'un coup pour que l'on
« garde longtemps le souvenir de sa conquête trop facile.
« M. Émile Ollivier ne s'est pas souvenu à temps qu'il ré-

« prouvait la théorie de ceux qui veulent tout ou rien ; *il a*
« *donné tout, il n'aura rien. Espérons-le, car ce sera moral,*
« *et il y perdra son talent, — je ne parle pas de sa considé-*
« *ration.* M. Ollivier ne sera pas ministre, il est trop ner-
« veux. »

Le 6 mai, la feuille de Francfort continue :

« M. Ollivier, qui s'était depuis bien des années rappro-
« ché du Rubicon, a fini par le franchir ; et encore ne l'a-t-il
« franchi que pour aller se mettre à sa place naturelle, à
« celle que lui assignent ses tendances, ses instincts, son
« caractère particulier et la trempe spéciale de son intelli-
« gence, *plus portée aux expédients et aux lieux communs*
« *que capable de l'analyse austère des principes de droit et de*
« *morale.*

. . . .

« Certes, nous attachons bien peu d'importance à tout ce
« petit ménage de tiers parti ; nous n'en parlons que par
« amour de l'art ; nous ne croyons pas à la fécondité des ac-
« couplements disparates. Mais nous croyons à la nécessité
« des situations définies, explicites, avouées. Depuis plu-
« sieurs années, *M. Émile Ollivier a fait la cour à une frac-*
« *tion de la majorité ; il lui a donné des gages, il en a reçu ;*
« *il vient de se compromettre publiquement avec elle :* que
« tout cela finisse, comme un vaudeville honnête, par un
« bon mariage par-devant notaire. *La morale l'exige.* La dé-

« mocratie est de race trop austère pour recevoir indéfini-
« ment chez elle *un chevalier aimable qui colporte partout*
« *l'encens banal de ses hommages. Il est temps de vous ran-*
« *ger, monsieur Ollivier! Le journal des sénateurs vient de*
« *vous envoyer l'anneau parfumé des fiançailles. Acceptez-le:*
« *c'est ce que vous avez de mieux à faire pour votre honneur*
« *et surtout pour le nôtre!* »

Et le lendemain :

« Nous avons conseillé à M. Émile Ollivier un bon et so-
« lide mariage avec cette partie de la majorité qui ne se
« croit pas tenue de voter uniformément toutes les proposi-
« tions du Gouvernement et de soutenir quand même sa poli-
« tique. Nous avons aujourd'hui la satisfaction d'annoncer
« que cette union est en bonne voie.

« Les entrevues se succèdent chez M. de Morny, qui cha-
« peronne ces légitimes amours, et, s'il faut en croire les in-
« discrets des salons de Paris, on est bien près de s'enten-
« dre sur les conditions du contrat. En attendant, et comme
« de juste, le fiancé se renferme dans une pudique retraite.
« Il n'a assisté à aucune des séances publiques qui ont eu
« lieu depuis la dernière discussion, pas même à celle d'hier,
« qui a entamé le budget; on ne l'a vu, au Palais-Bourbon,
« ni sur la Montagne, où il siégeait dans ses jours de liberté,
« ni sur ce banc intermédiaire où il s'est assis pour offrir
« définitivement sa main à la majorité. »

. . . .

[illegible] n'est pas malheureusement la première fois qu'un

« homme politique a donné le spectacle d'une transformation
« aussi rapide et aussi saisissante, et on entend encore à
« travers l'histoire les cris d'indignation ou les éclats de rire
« qui accueillirent *les grandes trahisons ou les ridicules pali-*
« *nodies. Toutes proportions gardées, c'est aujourd'hui la*
« *même surprise ou la même colère dans le public.* On peut
« se livrer à ce sujet à de longues dissertations sur l'incon-
« stance et la popularité, et s'écrier que « la Roche Tar-
« péienne est près du Capitole », mais c'est justice que le
« sentiment public ne reste pas indifférent à des conversions
« qui peuvent être sincères, mais qui servent trop bien des
« intérêts personnels pour n'être pas suspectes. »

Et enfin, pour couronner le tout, le journal dévoué à MM. Jules Favre et Jules Simon imprime cette phrase :

« M. Émile Ollivier a été républicain pour être préfet, il
« devient bonapartiste pour essayer d'être ministre. »

Telles sont les vengeances démocratiques.

Il faut arrêter ici ces citations que nous aurions pu prolonger encore durant dix pages, la feuille à laquelle nous les empruntons n'ayant pas cessé un seul jour, du 29 avril au 15 mai, d'adresser des injures à M. Émile Ollivier. Elles suffisent à l'édification des lecteurs et donnent le ton général de la polémique qui a été soulevée contre lui. Toutefois, à l'heure où cette polémique avait atteint la plus grande violence, un petit journal de province, mis récemment en relief par des débats judiciaires, *l'Impartial dauphinois*, qui reçoit, dit-on, de fréquentes inspirations de M. Casimir Périer, un nom que les amis les plus enthousiastes de MM. Jules Favre et Jules Simon ne suspecteront pas, — *l'Impartial* publiait un excellent article dont un simple extrait détruira toute l'argumentation de ceux que nous avons cités. Après avoir raconté l'incident, l'auteur anonyme de cet article s'exprimait ainsi :

« Nous croyons, quant à nous, que cet incident n'a pas,
« ou plutôt n'aurait pas dû avoir la portée excessive qu'on
« lui a attribuée, et que ce n'était pas le cas de crier *à la*
« *grande trahison du comte de Mirabeau. Quelque dévoués*
« *que nous soyons à la démocratie, nous n'ignorons pas que*
« *le défaut capital de la démocratie est d'être soupçonneuse et*
« *jalouse, susceptible à l'excès, et toujours prête à voir dans*
« *l'acte le plus spontané et le plus librement délibéré par la*
« *conscience, une concession motivée par les passions les*
« *moins nobles qui s'agitent au fond du cœur humain. Il n'est*
« *pas rare, et l'histoire est là pour l'attester, de voir sans*
« *raison sérieuse un parti jeter, même de bonne foi, à la face*
« *d'un homme le reproche d'être un transfuge, un traître, et*
« *d'avoir fait fléchir, par mesquine ambition ou basse cupi-*
« *dité, les inspirations de sa conscience et l'indépendance de*
« *sa parole. Mais l'histoire est là aussi pour attester que la*
« *postérité n'a pas toujours accepté ces jugements passionnés*
« *et ratifié ces accusations.* »

. . . .

« Nous pensons qu'il a fallu à M. Emile Ollivier un cou-
« rage moins commun qu'on ne pense, pour oser, lui, un
« des *cinq*, être d'un autre avis que les *cinq*. Cet acte de
« courage n'a guère été récompensé. On a pour ainsi dire
« oublié toutes les luttes qu'il avait soutenues pour la liberté
« contre une majorité compacte et d'une masse impénétrable.
« Et voyez combien la logique politique est peu logique !
« Lors de la discussion sur la vérification des pouvoirs,
« M. Larrabure, membre de la majorité, ayant pris la parole
« pour demander l'annulation de l'élection de M. Royer,
« l'opposition a accepté cet utile auxiliaire, et lui a rendu
« l'hommage qui était dû en effet à l'acte d'indépendance
« qu'il venait d'accomplir. L'opposition n'a pas considéré,
« que nous sachions, M. Larrabure comme un transfuge de
« la majorité, et si celle-ci a été un moment étonnée de
« l'attitude de M. Larrabure, nous ne croyons pas qu'elle
« ait jamais eu l'idée de reprocher à M. Larrabure d'être un
« renégat et un traître. »

Le premier de ces paragraphes résume absolument la situation, sauf la question de bonne foi du parti, qu'il faut réserver, et proclame une grande vérité historique. Le second répond aux insulteurs par un argument écrasant et qui ne saurait être rétorqué.

III

Telle est dans tous ses détails, accompagnée des pièces justificatives, l'histoire de ce qu'on a appelé *la trahison d'Emile Ollivier;* voilà l'incident qui a servi de texte à tant d'injures et qui a fait représenter M. Emile Ollivier comme un autre Judas, ayant vendu son honneur pour trente deniers. Des hommes et des journaux chez qui le libéralisme semblait être à l'état chronique, qui se prétendaient atteints de cette nostalgie de la liberté que tout le monde veut avoir aujourd'hui, même des gens qui n'y étaient guère sujets il y a six mois, ont contesté à un des leurs le droit de parler et d'agir selon sa conscience.

Ils ont crié à la trahison; ils ont oublié les innombrables services rendus à leur cause par M. Emile Ollivier, quinze années d'un dévouement absolu à la liberté. Par leurs soins, des bruits infamants ont été livrés à la publicité.

Ils ont eu recours à cette arme vulgaire, mais toujours bonne, qu'on appelle la calomnie. Qui donc a comparé la calomnie à des grains de blé enfermés dans un sac? Que le sac vienne à se déchirer, les grains sont éparpillés; le vent les emporte. Vous aurez beau vous efforcer de les recueillir, il y en aura toujours que vous n'aurez pu atteindre et qui tombant sur un sol fertile porteront un épi que vous rencontrerez un jour au milieu de votre route. Qui donc a semé ici? direz-vous. Personne, et cependant l'épi aura pu sortir de terre.

C'est par la calomnie que quelques prétendus démocrates ont voulu frapper M. Emile Ollivier. C'est eux qui jetaient dans la circulation ces allusions perfides, ces petits vers, ces histoires d'argent reçu et de mariage promis pour prix de la trahison. Ces choses, on les entendait dire à voix basse dans les salons et répéter à voix haute dans les estaminets où se réunissent les jeunes républicains qui se représentent comme l'espoir de la société à venir et qui veulent la fonder à l'aide de théories vermoulues. On dit quelquefois de ces gens-là: «Ils ont des idées avancées.» Des idées arriérées, faudrait-il dire, puisqu'ils veulent nous ramener aux errements de la République. C'est parce que M. Emile Ollivier n'a pas voulu se mettre à la tête de cette armée d'écrevisses qu'on a essayé de briser sous lui le piédestal qu'on lui avait dressé. On espérait qu'il périrait dans la chute. Plus habile, il a passé sur un des piédestaux debout à côté du sien et laissés vides par les grands orateurs constitutionnels de la restauration, et il y demeurera.

Pour nous, si nous n'avions été subjugué par la beauté de son talent et par la grandeur de la politique nouvelle qui s'inaugurera grâce à lui, nous aurions été séduit par le mépris avec lequel il a laissé toutes les passions s'agiter et toutes les clameurs expirer à ses pieds. C'est lui qui peut justement s'appliquer cette phrase à l'aide de laquelle M Guizot sauvait une situation déplorable : « On peut multi-« plier les injures, les calomnies, les colères extérieures, « les entasser tant qu'on voudra, on ne les élèvera jamais au-« dessus de mon dédain. »

Quant au petit groupe d'hommes qui prétend représenter exclusivement la démocratie, il portera longtemps la responsabilité de la faute qu'il vient de commettre. Le souvenir de son ingratitude envers M. Émile Ollivier, des procédés dont il s'est servi pour le combattre, de ses inconséquences dans tout cet incident, restera sur la mémoire de ces hommes comme un stigmate ineffaçable. Quand ils voudront parler de leur honnêteté politique, on leur rappellera leur conduite envers le plus honnête des leurs ; lorsqu'ils vanteront leur libéralisme, on se souviendra qu'ils ont voté contre la liberté des coalitions, parce que cette liberté ils ne voulaient pas la tenir d'un Gouvernement qu'elle allait grandir alors qu'ils cherchaient à le diminuer.

Pour jamais ils se sont affaiblis en avilissant leur cause. Mais s'il était vrai que les menaces d'impopularité dont ils ont accablé M. Émile Ollivier dussent se réaliser, s'il était vrai que la foule, souvent ingrate, dût le récompenser quelque jour de ses efforts pour elle en les oubliant, l'histoire impartiale et sereine ne ratifierait pas sa décision. Assuré du jugement de l'avenir et de l'estime des hommes prévoyants, M. Émile Ollivier irait attendre, dans l'exercice de sa brillante et lucrative profession d'avocat, que l'injustice populaire, qui s'éteint un jour, fît place au triomphe du devoir et du droit.

Mais nous ne pensons pas que les faits se passent ainsi. La tactique de ses adversaires a consisté à dire qu'il s'était vendu au Gouvernement afin de devenir ministre. Voilà ce qu'ont trouvé de mieux des hommes intelligents. Il faut supposer l'opinion publique bien crédule pour essayer de lui persuader qu'un homme de talent se vend brutalement aux yeux de tous et trouve un gouvernement habile disposé à en faire sa créature, après l'avoir acquis au moyen d'un contrat scandaleux. A défaut même d'honnêteté, il faudrait contester à un individu toute espèce de bon sens, s'il pensait défendre efficacement le parti qui l'aurait acheté ainsi. Dans les grandes trahisons, l'histoire nous montre toujours le traître déshonoré publiquement, au lendemain de son crime, et devenant par cela même un fardeau et non un appui pour ceux auxquels il s'est livré.

Mais, quoi qu'il en soit, si M. Émile Ollivier, en donnant satisfaction à sa conscience qui le poussait vers cette fraction de la majorité qui ne veut pas plus de l'approbation systématique que de l'opposition systématique, s'est vu dans un avenir indéterminé placé au sein d'un tiers parti dirigé dans des voies sages par l'homme éminent dont le nom est sur toutes les lèvres lorsqu'on parle de réformes libérales, et si par cela même il n'a pas cru à l'impossibilité de posséder quelque jour un portefeuille, nous nous en réjouirions, convaincu que lorsqu'un pareil événement se réaliserait nous aurions fait un grand pas dans la voie des libertés constitutionnelles. Et si c'est là le but vers lequel marche M. Émile Ollivier, il faut l'en remercier, nous les amis de la liberté modérée et de l'Empire libéral.

Il lui a fallu un grand courage pour rompre avec ceux qui voulaient le garder en tutelle et pour secouer les entraves qui retenaient ses pas. Ce n'est pas pour faire de l'opposition que le courage est nécessaire, lorsque le souverain n'est ni un Néron, ni un Louis XI, ni un prince d'Orange, ni la Terreur, et qu'il gouverne avec des lois justes et appliquées.

Le vrai courage consiste à braver l'impopularité pour faire prévaloir définitivement les vérités solennelles que les peuples n'acceptent jamais d'emblée lorsqu'elles leur viennent de celui qui dirige leurs destinées ou de ceux qui parlent comme lui. Il est des heures où le danger est moins grand pour celui qui attaque un gouvernement que pour celui qui le défend. En ne cherchant des exemples que dans l'histoire moderne, on peut assurer que M. de Martignac défendant le gouvernement de Charles X déployait autant de courage que M. Lainé bravant les colères de Napoléon Ier, et certainement bien plus que M. Jules Favre attaquant, en 1864, le gouvernement de Napoléon III. Ce sont là des vérités incontestables.

Quant à l'incident qui nous occupe, nous croyons qu'il prendra place dans les faits les plus importants de l'histoire parlementaire, moins encore par les proportions qu'on lui a données que par les conséquences qui en ressortiront. Il est, selon nous, la preuve évidente que l'opposition systématique a fait son temps et que le rôle de l'opposition constitutionnelle va commencer. Au surplus, n'y a-t-il pas toute une génération nouvelle qui entrera demain dans la vie? Est-ce à elle ou aux hommes des anciens partis, à ceux dont les cheveux ont blanchi et dont l'âge a glacé l'énergie, que l'avenir appartient? Si leur rôle est fini, si c'est à nous de débuter, qu'ils ne nous imposent plus des idées et des principes avec lesquels ils n'ont pu donner le repos à la France. Instruits par leurs fautes, peut-être serons-nous plus heureux, surtout si nous secondons, au lieu de l'affaiblir par de continuelles attaques, un gouvernement de bonne volonté, sorti des entrailles du peuple pour accomplir de grandes choses et auquel son propre intérêt commande de nous accorder la liberté.

Mais c'est un mauvais moyen de l'obtenir que de la lui demander immédiate et absolue, pour la retourner ensuite contre lui; que de la lui demander la menace aux lèvres, sans tenir compte des efforts qu'il a déjà tentés pour nous en doter, et en faisant sans cesse passer devant ses yeux, comme un prophète éloquent quoique muet, le fantôme des gouvernements tombés.

C'est oublier que cette liberté dont l'avénement a coûté à la France soixante ans d'agitations, appliquée par trois gouvernements, les a vus périr tous les trois. Elle n'a été étrangère à aucune de ces chutes qui se traduisent par des dates significatives: 1791, qui fit sombrer sous les excès de la liberté les bienfaits de 1789 ; 1830, qui vit périr un gouvernement honnête, coupable seulement d'avoir lutté maladroitement et trop tard contre les abus de la liberté qu'il avait accordée trop tôt; et enfin 1848, qui à cette même liberté donna une grande mission, celle de frapper un pouvoir que les vices de son origine avaient, dès sa naissance, marqué pour la mort.

C'est oublier aussi que l'Empire, quoique issu du suffrage universel, est entouré de piéges et d'embûches qui se cachent dans les souvenirs des chutes que nous venons de rappeler, et qu'avant d'obtenir de lui la liberté, il faut lui prouver d'abord que ces aspirations libérales ne recèlent aucun vœu pour une forme nouvelle de gouvernement. Une preuve de cette nature ne se fait que par la franchise, la bonne foi et la modération, et c'est parce que M. Émile Ollivier l'a faite ainsi qu'il a mieux travaillé pour la cause de la liberté que ceux qui ont attaqué le Gouvernement avec perfidie et violence. Son nom est devenu un drapeau, et c'est à son ombre que nous marcherons, nous qui aimons et voulons l'Empire et qui désirons le voir s'affermir par la liberté. C'est là ce que ses ennemis redoutent comme un danger pour eux, et ce que nous considérons comme un bienfait pour nous et pour lui.

La France, qui l'ignore? ne veut plus d'ébranlements. Durant soixante ans, elle a cherché sa voie au milieu des révolutions et des réactions, et ce problème lui a coûté du temps, du sang et du travail. Elle l'a maintenant trouvée et n'en veut pas sortir. Donc, assez de désastres! assez d'orages!

En dix années, sous un règne glorieux, elle a acquis la prospérité, la grandeur et la paix. Elle entrevoit dans des nuages que chaque jour dissipe de plus en plus la liberté politique, féconde en bienfaits. Qu'on nous laisse jouir de ce spectacle. Qu'on nous laisse attendre que les fruits patiemment désirés aient atteint leur entière maturité. Ne les faisons pas tomber de l'arbre avant qu'ils soient mûrs. Ne compromettons pas par trop de précipitation le résultat qui finira l'ère des douleurs. Le terme de nos dissensions est proche; ne l'éloignons pas. Être ambitieux et non pressé, là est pour les individus le secret de la fortune. Là est aussi pour les nations le secret de la liberté.

Et vous, derniers acteurs des temps de ruines et de désastres, ne nous troublez plus de vos regrets. Sacrifiez vos souvenirs et vos rancunes à notre repos. C'est un beau rôle qui vous reste encore et qui tenterait de grands cœurs. Ne vous accordez plus le monopole des aspirations libérales. Ces aspirations, nous les éprouvons comme vous et plus que vous. Mais nous avons la patience. Nous aidons au lieu d'affaiblir, nous soutenons au lieu de dénigrer.

Nous ne voulons plus donner aux yeux des ennemis de la France le spectacle de nos discordes, qui quelque jour leur en ouvriraient les portes, si jamais nos ardeurs patriotiques pouvaient s'éteindre. Dans les divisions, les peuples s'énervent sans profit pour personne, sinon pour ceux qui veulent les réduire à l'esclavage. Dans l'union, ils se fortifient contre la tyrannie, de quelque endroit qu'elle vienne.

Le jour où l'Empereur sera convaincu que derrière la liberté il n'y a ni la République ni une dynastie nouvelle ; que ceux qui la lui demandent, la veulent pour le bonheur du pays et pour la sécurité de l'Empire, ce jour-là la liberté sera fondée en France, et on la devra d'abord à celui des plus hauts conseillers de la commune, qui s'est rallié aux idées libérales; ensuite à ceux qui auront pensé et agi comme M. Emile Ollivier, et qui, par leur attitude, auront pacifiquement désarmé le pouvoir en lui inspirant la confiance.

7806 — Paris, imprimerie Jouaust et fils, rue Saint-Honoré, 338.

www.ingramcontent.com/pod-product-compliance
Ingram Content Group UK Ltd.
Pitfield, Milton Keynes, MK11 3LW, UK
UKHW032023260826
14628UKWH00006B/2688

9 782019 703073